Cuadernos de actividades para niños de 5 a 6 años (Rodea con un círculo la hora que muestra el reloj- Vol 4)

UN LIBRO DE ACTIVIDADES PARA AYUDAR A LOS NIÑOS A APRENDER LAS HORAS

La dirección web de la versión descargable de este libro se puede encontrar en

Contraseña - P16

https://www.lipdf.com/product/1/
https://www.lipdf.com/product/2/
https://www.lipdf.com/product/3/
https://www.lipdf.com/product/4/
https://www.lipdf.com/product/5/
https://www.lipdf.com/product/6/
https://www.lipdf.com/product/7/
https://www.lipdf.com/product/8/
https://www.lipdf.com/product/9/
https://www.lipdf.com/product/10/
https://www.lipdf.com/product/41/
https://www.lipdf.com/product/42/
https://www.lipdf.com/product/43/
https://www.lipdf.com/product/44/
https://www.lipdf.com/product/45/
https://www.lipdf.com/product/46/
https://www.lipdf.com/product/47/
https://www.lipdf.com/product/48/
https://www.lipdf.com/product/49/
https://www.lipdf.com/product/50/

RELOJES

1. RODEA CON UN CÍRCULO LA HORA QUE MUESTRA EL RELOJ

12:30  **3:30**

2. RODEA CON UN CÍRCULO LA HORA QUE MUESTRA EL RELOJ

5:30  **11:30**

3. RODEA CON UN CÍRCULO LA HORA QUE MUESTRA EL RELOJ

7:30  **10:30**

RELOJES

6:30  10:30

4:30  9:30

7:30  5:30

RELOJES

1. RODEA CON UN CÍRCULO LA HORA QUE MUESTRA EL RELOJ

1:30  7:30

2. RODEA CON UN CÍRCULO LA HORA QUE MUESTRA EL RELOJ

7:30  11:30

3. RODEA CON UN CÍRCULO LA HORA QUE MUESTRA EL RELOJ

2:30  9:30

RELOJES

1. RODEA CON UN CÍRCULO LA HORA QUE MUESTRA EL RELOJ

6:30  2:30

2. RODEA CON UN CÍRCULO LA HORA QUE MUESTRA EL RELOJ

5:30  8:30

3. RODEA CON UN CÍRCULO LA HORA QUE MUESTRA EL RELOJ

1:30  6:30

RELOJES

1. RODEA CON UN CÍRCULO LA HORA QUE MUESTRA EL RELOJ

3:30  1:30

2. RODEA CON UN CÍRCULO LA HORA QUE MUESTRA EL RELOJ

2:30  5:30

3. RODEA CON UN CÍRCULO LA HORA QUE MUESTRA EL RELOJ

7:30  8:30

RELOJES

1. RODEA CON UN CÍRCULO LA HORA QUE MUESTRA EL RELOJ

11:30  5:30

2. RODEA CON UN CÍRCULO LA HORA QUE MUESTRA EL RELOJ

9:30  10:30

3. RODEA CON UN CÍRCULO LA HORA QUE MUESTRA EL RELOJ

9:30  3:30

RELOJES

1. RODEA CON UN CÍRCULO LA HORA QUE MUESTRA EL RELOJ

11:30      5:30

2. RODEA CON UN CÍRCULO LA HORA QUE MUESTRA EL RELOJ

9:30      10:30

3. RODEA CON UN CÍRCULO LA HORA QUE MUESTRA EL RELOJ

9:30      5:30

RELOJES

1. RODEA CON UN CÍRCULO LA HORA QUE MUESTRA EL RELOJ

1:30  4:30

2. RODEA CON UN CÍRCULO LA HORA QUE MUESTRA EL RELOJ

4:30  5:30

3. RODEA CON UN CÍRCULO LA HORA QUE MUESTRA EL RELOJ

2:30  12:30

RELOJES

1. RODEA CON UN CÍRCULO LA HORA QUE MUESTRA EL RELOJ

12:30  7:30

2. RODEA CON UN CÍRCULO LA HORA QUE MUESTRA EL RELOJ

3:30  9:30

3. RODEA CON UN CÍRCULO LA HORA QUE MUESTRA EL RELOJ

9:30  10:30

RELOJES

1. RODEA CON UN CÍRCULO LA HORA QUE MUESTRA EL RELOJ

2:30  4:30

2. RODEA CON UN CÍRCULO LA HORA QUE MUESTRA EL RELOJ

9:30  3:30

3. RODEA CON UN CÍRCULO LA HORA QUE MUESTRA EL RELOJ

10:30  6:30

RELOJES

1. RODEA CON UN CÍRCULO LA HORA QUE MUESTRA EL RELOJ

10:30  11:30

2. RODEA CON UN CÍRCULO LA HORA QUE MUESTRA EL RELOJ

7:30  9:30

3. RODEA CON UN CÍRCULO LA HORA QUE MUESTRA EL RELOJ

12:30  11:30

RELOJES

1. RODEA CON UN CÍRCULO LA HORA QUE MUESTRA EL RELOJ

3:30      1:30

2. RODEA CON UN CÍRCULO LA HORA QUE MUESTRA EL RELOJ

6:30      2:30

3. RODEA CON UN CÍRCULO LA HORA QUE MUESTRA EL RELOJ

4:30      12:30

RELOJES

6:30  9:30

5:30  8:30

4:30  2:30

RELOJES

1. RODEA CON UN CÍRCULO LA HORA QUE MUESTRA EL RELOJ

10:30  12:30

2. RODEA CON UN CÍRCULO LA HORA QUE MUESTRA EL RELOJ

7:30  11:30

3. RODEA CON UN CÍRCULO LA HORA QUE MUESTRA EL RELOJ

10:30  5:30

RELOJES

1. RODEA CON UN CÍRCULO LA HORA QUE MUESTRA EL RELOJ

8:30  1:30

2. RODEA CON UN CÍRCULO LA HORA QUE MUESTRA EL RELOJ

3:30  5:30

3. RODEA CON UN CÍRCULO LA HORA QUE MUESTRA EL RELOJ

3:30  12:30

RELOJES

1. RODEA CON UN CÍRCULO LA HORA QUE MUESTRA EL RELOJ

6:30  10:30

2. RODEA CON UN CÍRCULO LA HORA QUE MUESTRA EL RELOJ

2:30  7:30

3. RODEA CON UN CÍRCULO LA HORA QUE MUESTRA EL RELOJ

5:30  6:30

RELOJES

1. RODEA CON UN CÍRCULO LA HORA QUE MUESTRA EL RELOJ

11:30  12:30

2. RODEA CON UN CÍRCULO LA HORA QUE MUESTRA EL RELOJ

4:30  2:30

3. RODEA CON UN CÍRCULO LA HORA QUE MUESTRA EL RELOJ

5:30  6:30

RELOJES

1. RODEA CON UN CÍRCULO LA HORA QUE MUESTRA EL RELOJ

5:30  1:30

2. RODEA CON UN CÍRCULO LA HORA QUE MUESTRA EL RELOJ

5:30  8:30

3. RODEA CON UN CÍRCULO LA HORA QUE MUESTRA EL RELOJ

9:30  3:30

RELOJES

1. RODEA CON UN CÍRCULO LA HORA QUE MUESTRA EL RELOJ

4:30  9:30

2. RODEA CON UN CÍRCULO LA HORA QUE MUESTRA EL RELOJ

10:30  1:30

3. RODEA CON UN CÍRCULO LA HORA QUE MUESTRA EL RELOJ

3:30  10:30

RELOJES

1. RODEA CON UN CÍRCULO LA HORA QUE MUESTRA EL RELOJ

10:30      3:30

2. RODEA CON UN CÍRCULO LA HORA QUE MUESTRA EL RELOJ

9:30      2:30

3. RODEA CON UN CÍRCULO LA HORA QUE MUESTRA EL RELOJ

11:30      12:30

RELOJES

1. RODEA CON UN CÍRCULO LA HORA QUE MUESTRA EL RELOJ

7:30  9:30

2. RODEA CON UN CÍRCULO LA HORA QUE MUESTRA EL RELOJ

4:30  5:30

3. RODEA CON UN CÍRCULO LA HORA QUE MUESTRA EL RELOJ

6:30  7:30

RELOJES

1. RODEA CON UN CÍRCULO LA HORA QUE MUESTRA EL RELOJ

6:30  11:30

2. RODEA CON UN CÍRCULO LA HORA QUE MUESTRA EL RELOJ

8:30  12:30

3. RODEA CON UN CÍRCULO LA HORA QUE MUESTRA EL RELOJ

3:30  2:30

RELOJES

5:30  **3:30**

1:30  **4:30**

5:30  **7:30**

RELOJES

1. RODEA CON UN CÍRCULO LA HORA QUE MUESTRA EL RELOJ

3:30  11:30

2. RODEA CON UN CÍRCULO LA HORA QUE MUESTRA EL RELOJ

5:30  7:30

3. RODEA CON UN CÍRCULO LA HORA QUE MUESTRA EL RELOJ

9:30  2:30

RELOJES

1. RODEA CON UN CÍRCULO LA HORA QUE MUESTRA EL RELOJ

7:30  2:30

2. RODEA CON UN CÍRCULO LA HORA QUE MUESTRA EL RELOJ

2:30  3:30

3. RODEA CON UN CÍRCULO LA HORA QUE MUESTRA EL RELOJ

6:30  9:30

RELOJES

1. RODEA CON UN CÍRCULO LA HORA QUE MUESTRA EL RELOJ

11:30      4:30

2. RODEA CON UN CÍRCULO LA HORA QUE MUESTRA EL RELOJ

3:30      5:30

3. RODEA CON UN CÍRCULO LA HORA QUE MUESTRA EL RELOJ

3:30      4:30

RELOJES

1. RODEA CON UN CÍRCULO LA HORA QUE MUESTRA EL RELOJ

8:30  6:30

2. RODEA CON UN CÍRCULO LA HORA QUE MUESTRA EL RELOJ

6:30  8:30

3. RODEA CON UN CÍRCULO LA HORA QUE MUESTRA EL RELOJ

3:30  1:30

RELOJES

1. RODEA CON UN CÍRCULO LA HORA QUE MUESTRA EL RELOJ

2:30  9:30

2. RODEA CON UN CÍRCULO LA HORA QUE MUESTRA EL RELOJ

4:30  1:30

3. RODEA CON UN CÍRCULO LA HORA QUE MUESTRA EL RELOJ

8:30  7:30

RELOJES

1. RODEA CON UN CÍRCULO LA HORA QUE MUESTRA EL RELOJ

5:30  **2:30**

2. RODEA CON UN CÍRCULO LA HORA QUE MUESTRA EL RELOJ

4:30  **3:30**

3. RODEA CON UN CÍRCULO LA HORA QUE MUESTRA EL RELOJ

6:30  **2:30**

RELOJES

1. RODEA CON UN CÍRCULO LA HORA QUE MUESTRA EL RELOJ

12:30  1:30

2. RODEA CON UN CÍRCULO LA HORA QUE MUESTRA EL RELOJ

2:30  3:30

3. RODEA CON UN CÍRCULO LA HORA QUE MUESTRA EL RELOJ

4:30  5:30

CPSIA information can be obtained
at www.ICGtesting.com
Printed in the USA
BVHW091633160919
558546BV00022BA/1651